leren lezen met

Carry Slee

juf moet in de hoek

met illustraties van
Marjolein Krijger

Pimento

poe… wat is het heet!

tim puft en noer puft ook.

tim legt zijn hand op de stoep.

de stoep is warm.

noer voelt aan het hek.

het hek is ook warm.

tim en noer gaan door het hek.

ze gaan naar pien.

pien staat bij de boom.

pas op! roept pien.

ik ben heel warm.

ik kook!

noer voelt aan de arm van pien.

pien sist: sss!

au, mijn hand! noer lacht.

tim voelt ook aan de arm van pien.

hij voelt met zijn pink.

sss… doet pien weer.

au! tim haalt snel zijn pink weg.

voel je hoe warm ik ben? vraagt pien.

tim lacht. je bent een ei dat kookt.

je komt net uit de pan.

kom maar hier, ei.

ik eet je op!

mjam… mjam… mjam, doet tim.

je moet zout op het ei doen, zegt noer.

tim pakt een beetje zand.

zo, dit is zout.

hij doet het op het haar van pien.

dan neemt hij een hap.

au! het ei is heet.

mijn tong! gilt tim.

ik heb een blaar op mijn tong!

ik kook nog steeds! roept pien.

tim heeft een goed plan.

je moet in een koud bad.

sss

sss

7

we gaan naar het park, zegt tim.

in het park is een bad.

ja, leuk! roept pien.

dat wil noer ook wel.

de bal moet mee, zegt pien.

ze stopt de bal in haar rugtas.

en haalt een kleed.

het kleed gaat ook in de rugtas.

pien doet de rugtas om.

dag mamma! roept pien.

mamma kijkt uit het raam.

waar ga je heen? vraagt ze.

we gaan naar het park, zegt pien.
want daar is een bad.
dat gaat niet door, zegt mamma.
je mag niet naar het park.
met mij erbij mag het wel.
of met pappa of met juf.
ik wil toch, zegt pien.
wil je soms dat ik stik?
maar mamma zegt nee.
ze doet het raam dicht.
pien kijkt naar het hek.
daar komt poes aan.

poes gaat niet het huis in.

het huis is veel te heet.

poes gaat ook niet op het gras.

het gras is in de zon.

poes loopt naar de schuur.

kom mee, zegt pien.

wij gaan ook in de schuur.

daar is het niet heet.

de schuur is koel.

ik weet wat, zegt pien.

de schuur was de school.

en ik was de juf.

10

wat een leuk spel! zegt tim.

noer vindt dat ook.

pien pakt een bord.

school, zet ze op het bord.

ze hangt het bord aan de schuur.

tring! pien doet de bel na.

tim en noer gaan de school in.

dag juf, zegt tim.

dag juf, zegt noer.

je moet op je plek, zegt de juf.

waar is mijn plek dan? vraagt tim.

hij ziet geen stoel.

dit is de stoel, zegt de juf.

ze pakt een teil.

hup, zegt de juf.

op je plek, jij!

tim lacht.

moet hij echt in de teil?

ja, dat moet, zegt de juf.

en ik dan? vraagt noer.

moet ik soms staan?

nee, zegt de juf.

ze zoekt in de schuur.

op de grond ligt een zitje.

het is een zitje van de fiets.
de juf pakt het op.
zo, dit is nog een stoel.
de juf zet het zitje naast de teil.
het is veel te klein, zegt noer.
dat geeft niet, zegt de juf.
hup, op je plek.
noer gaat in het zitje.
maar het lukt niet.
haar bil is te groot.
de juf duwt en...
au, mijn bil! roept noer.

au!!

stil, zegt de juf.
wil je soms in de hoek?
jij zingt een lied, tim.
en ik dans.
ik doe de dans voor.
let op wat ik doe.
zing, tim! zegt de juf.
zing een lied.
uit de teil komt een lied.
de juf danst.
de dans is heel mooi.
een dans op één been.

nu jij! de juf wijst naar noer.

noer staat op… au!

het zitje klemt vast aan haar bil.

dans, noer! zegt de juf.

dat kan zo niet, zegt noer.

het moet wel, zegt de juf.

de juf kijkt naar tim.

zing een lied, tim.

ha, ha, ha! komt er uit de teil.

het is ook heel raar.

het zitje aan de bil van noer.

de juf ligt ook slap van de lach.

stop, noer! zegt de juf dan.

nu moet tim een dans doen.

ik zing bij de dans.

de juf zingt heel hard.

maar tim staat niet op.

hij komt niet uit de teil.

hup, zegt de juf.

dans, tim! vlug!

maar tim doet het niet.

nu wordt de juf boos.

in de hoek, stout kind!

ga zelf in de hoek, zegt tim.

goed, zegt de juf.

ze gaat in de hoek staan.

met haar hoofd naar de muur.

en haar rug naar de klas.

tim lacht en noer ook.

dat is toch gek!

een juf moet voor de klas.

en niet in de hoek.

juf! roept tim.

kom uit de hoek.

ik doe wel een dans.

dat is goed, zegt de juf.

de juf komt uit de hoek.

tim doet een dans.

het is een dans voor twee, zegt hij.

tim pakt de juf en danst door de klas.

de dans is heel wild.

tim let niet op.

en de juf ook niet.

pas op! roept noer.

pas op voor de teil!

maar het is al te laat.

juf ligt met tim in de teil.

ha, ha, ha! lacht de juf.

tim lacht ook.

de juf komt uit de teil.

stil, nu is de les, zegt ze.

de juf pakt een krijtje.

ze wijst naar de muur.

de muur is het bord.

wie weet een woord?

ik! zegt noer.

ik weet een woord: bal.

fout, zegt de juf.

het moet een vies woord zijn.

drop, zegt noer.

drop? vraagt de juf.

drop is niet vies.

maar noer vindt dat wel.

ik lust geen drop, zegt noer.

ik wel, zegt de juf.

dus is het fout.

ik weet een vies woord, zegt tim. poep!

goed zo, zegt de juf.

ze geeft het krijtje aan tim.

zet maar op het bord, zegt de juf.

tim doet erg zijn best.

en… op de muur staat: poep.

heel knap, zegt de juf.

je krijgt een tien.

wie weet nog een vies woord?

pies, zegt noer.

goed zo, zegt de juf.

ze geeft het krijtje aan noer.

op het bord staat nu: poep en pies.

let op, zegt de juf.

ze pakt een stok.

en wijst naar een web.

in het web zit een spin.

de spin is groot.

de juf wijst de spin aan.
wat is dat, tim?
brr… tim rilt.
fout, zegt de juf.
het is geen brr.
weet jij het, noer?
weet jij wat dit is?
noer weet het wel.
het is een spin, juf.
heel knap, zegt de juf.
de juf kijkt rond.
ze ziet nog een spin.

ze wijst de spin aan.

en nog een.

denk goed na, tim, zegt de juf.

één spin en nog één spin is?

eng, zegt tim.

je bent een drol, tim, zegt de juf.

ze schudt haar hoofd.

één en één is niet eng.

één en één is?

twee! zegt noer.

goed zo, zegt de juf.

dat weet ik ook wel, zegt tim.

o ja? zegt de juf.

ze loopt naar tim toe.

en pakt zijn oor beet.

dit is een oor, zegt de juf.

ze pakt nog een oor vast.

ze trekt er een beetje aan.

één oor en nog één oor is?

de juf trekt nog meer.

au! roept tim.

je bent echt een drol, tim, zegt de juf.

één oor en nog één oor is niet au.

één en één is twee.

poe… ik kook, zegt de juf.

ze doet haar hemd uit.

haar buik is bloot.

noer lacht om de buik van de juf.

in de schuur is het nu ook warm.

we gaan naar het park, zegt de juf,

naar het bad.

dat mag niet, zegt tim.

je mag niet naar het park.

wel hoor, zegt pien.

met de juf erbij mag het wel.

en ik ben nu de juf.

poe

pie

wat is pien stout!

tim durft het niet en noer ook niet.

dag hoor, zegt de juf.

noer is nog in de klas en tim ook.

pien gaat heus niet, zegt tim.

dat durft ze niet.

het is veel te stout.

maar de juf blijft weg.

juf, juf! roept noer.

juf, juf! roept tim.

ze gaan de schuur uit.

juf, kom nou hier!

kom mee naar het park! roept de juf.

ze is al bij de eik.

maar ze gaat niet door het hek.

de juf is nog in de tuin, bij de boom.

hier was het park, zegt ze.

en dit was het bad.

tim en noer zien een teil.

de teil is vol.

wat een mooi bad!

noer stopt haar teen in de teil.

ze voelt…

brr, wat is het bad koud!

de juf zit al in de teil.
ik duik iets op, zegt ze.
haar hoofd gaat omlaag.
je ziet het niet meer… hap!
au! roept noer. mijn teen!
daar is de mamma van pien.
pien, waar ben je? roept ze.
noer en tim hollen vlug naar haar toe.
pien is in het park, zegt noer.
wat? mamma is boos.
ze is in het bad, zegt tim.
wat stout, zegt mamma.

mamma is al bij het hek.

ik ga er snel heen, zegt ze.

dan komt pien uit de teil.

ha, ha, ha! dit is het park, zegt pien.

mamma lacht om pien.

ga maar mee, zegt mam.

waar naar toe? vraagt pien.

naar het park, zegt mamma.

mijn werk is af.

noer mag mee en tim ook.

hoi! roepen pien en tim en noer blij.

en ze geven mamma een kus.

NEDERLANDSE
KINDERJURY
2006

qʌ́i 2

Boeken met dit vignet zijn op niveaubepaling geregistreerd
en gecontroleerd door KPC Groep te 's-Hertogenbosch.

ISBN 90 499 2032 2
NUR 287

www.carryslee.nl

Pimento is een imprint van Pimento BV,
onderdeel van de Foreign Media Group